Is Gaisteoir

Í MO MHÚINTEOIR

CLÁR

GW00600998

Caibidil

1

RACHT GÁIRE
IN FLORIDA

An chéad lá ar ais ar scoil, sheas an múinteoir nua, Bean Uí Thréanlámhaigh, os comhair an ranga agus rolla páipéar leithris ar a cloigeann aici. "Fáilte go dtí an rang!" arsa Bean Uí Thréanlámhaigh agus aoibh mhór an gháire ar a haghaidh. Ba dheas an rud é Bean Uí Thréanlámhaigh bheith mar mhúinteoir agam. Bhí sí cothrom i gcónaí agus bhí spórt againn léi.

Is mise Lasairíona Ní Mhurchú. Is duine ciallmhar cliste mé agus, mar sin, tugtar Lasairíona Chríonna orm. Is í Beití Nic Eití an cara is fearr agam. Is é Micí Sheáin, lán breicní agus fiacla cama, an namhaid is mó againn. Bíonn sé de shíor ag caint ar rudaí gan tábhacht. Táimid mór leis an chúpla, Saoirse agus Daoirse, agus Róisín Rua, deirfiúr Mhicí Sheáin, chomh maith.

Chaith mé féin agus Beití na laethanta saoire ar fad ag pleanáil **bob** le bualadh ar dhuine éigin ar an chéad lá ar ais ar scoil. Ní raibh muid róchinnte cén t-am ceart lena dhéanamh ach chuidigh Bean Uí Thréanlámhaigh linn, i ngan fhios di féin.

Bhí an chuma ar Bhean Uí Thréanlámhaigh go raibh sí i mbun troda roimhe seo. Is cinnte go raibh cuma láidir ar a lámha mar a léirigh a hainm, agus bhí dhá rian troda ar chlár a héadain a bhí cosúil le *X*. Dúirt cuid de na páistí sa rang gur bhuail píosa gloine í le linn **Hairicín** Andrew anuraidh.

Ach chuir sí iontas mór orainn leis an pháipéar leithris seo. "Amharc sin!" arsa Beití de chogar. "Tá rolla *páipéar leithris* ar a cloigeann aici!"

Mhothaigh mé racht gáire ag teacht. Dhruid mé mo shúile agus chrap mé mo liobair. "Is rud iontach é rolla páipéar leithris," ar sise.

Ní raibh neart air. Tháinig racht gáire ón rang. Chlúdaigh Beití a haghaidh lena leabhar. Rinne Micí Sheáin siosarnach lena shrón.

"Socraigh síos, a Mhicí Sheáin," arsa mise idir na seitgháirí. Bhain Bean Uí Thréanlámhaigh an rolla dá cloigeann. Bhain sí píosa fada páipéir den rolla agus stróic sí é. Chroch sí an píosa fada páipéir ar a cuid gruaige, faoina smig agus suas an taobh eile dá cloigeann. "Amharcaigí, thig liom é a úsáid mar scairf."

Ansin, cheangail sí an ciarsúr fada mar ribín ar bharr a cloiginn. "Nach deas é," ar sise. Go tobann stróic sí an páipéar dá smig, chuir sí lena srón é agus shéid sí go crua.

4

"Tá barúil agam go mbeidh bliain shuimiúil againn!" arsa Micí Sheáin de chogar liom. Rinne muid beirt seitgháire ag an am céanna.

"Ar ndóigh, tá a fhios ag gach duine gur féidir é a úsáid le do shrón a shéideadh." Rinne Bean Uí Thréanlámhaigh sraoth nuair a labhair sí. Ansin shiúil sí chuig an chlár dhubh agus ghlan sí a hainm. "Is glantóir maith é páipéar leithris chomh maith," ar sise. D'amharc mé go cúramach. Ní raibh sí ag glanadh leis an taobh fliuch.

Stróic Bean Uí Thréanlámhaigh píosa beag bídeach eile. "Is féidir é a úsáid má ghearann tú thú féin agus tú ag bearradh. Chaith sí seile ar an phíosa bheag agus ghreamaigh sí in aice lena murnán é.

Go tobann, bhronn sí an rolla ar Mhicí Sheáin. "Ach inniu, táimid ag dul a úsáid le cluiche a imirt. Ba mhaith liom gach duine agaibh páipéar leithris a ghlacadh. Glacaigí a oiread agus ba mhaith libh."

"Cad chuige, a Bhean Uí Thréanlámhaigh?" a d'fhiafraigh Saoirse agus Daoirse as béal a chéile.

"Cad é atáimid ag dul a dhéanamh leis?" arsa gach duine againn.

Níor fhreagair Bean Uí Thréanlámhaigh go dtí go ndeachaigh an rolla thart ar an seomra.

"An bhfuil píosa ag gach duine?" a d'fhiafraigh sí.

"Anois, déanaigí cuntas ar líon na gcearnóg a ghlac sibh."

"Ghlac mise trí chearnóg," arsa Micí Sheáin.

"Ghlac mise beirt," arsa Beití.

"Tá beirt déag agamsa," arsa mise go mórtasach. "Dosaen!"

"OK. Socraígí síos agus éistigí," arsa Bean Uí Thréanlámhaigh. Lean sí léi ag caint, "Ba mhaith liom gach duine agaibh seo a dhéanamh: ar do sheal, seas ag do dheasc agus do chearnóga páipéir agat. Má tá cearnóg amháin agat abair linn rud amháin fút féin. Má tá trí chearnóg agat abair linn trí rud fút féin."

Labhair Beití liom i gcogar, "Bhuel, a dhuine chliste, beidh ortsa dhá rud déag a rá *os comhair an ranga.*"

"Ná bí thusa buartha faoi sin. Thig liomsa labhairt go deo," arsa mise go mórtasach.

Chuir Bean Uí Thréanlámhaigh iontas orainn nuair a dúirt sí féin, "Ó tharla go raibh a fhios agamsa an dóigh leis an chluiche a imirt níor ghlac mé ach cearnóg amháin. An rud suimiúil a inseoidh mé daoibh fúmsa ná…"

D'fhan muid uilig gan smid asainn!

"Is gaisteoir ailigéadar mé. Tá ceadúnas oifigiúil agam." Dhírigh sí a méar ar a cloigeann. "Tá rian ar mo chloigeann a d'fhág ailigéadar dhá mhéadar ar fad nach raibh sásta comhoibriú liom. Ach fuair mé an lámh in uachtar airsean sa deireadh."

"Go hiontach!" arsa Micí Sheáin agus iontas air. Ní

píosa gloine ón hairicín a bhí ann ar chor ar bith ach chuaigh an scéal úr seo i bhfeidhm go mór orainn!

"An seal s'agaibhse atá ann anois," arsa Bean Uí Thréanlámhaigh.

Ar ndóigh, chuaigh Micí Sheáin ar dtús. Ar seisean, "I dtús báire... Uimhir a haon, tá madadh agam darb ainm Lúlú."

"Tá a fhios againn uilig sin!" arsa mise. "Bíonn sí ag fanacht ort i ndiaidh na scoile gach lá, agus a teanga amuigh aici." Rinne gach duine gáire. Las Micí Sheáin ach thug sé neamhaird orm. Ní dhearna Bean Uí Thréanlámhaigh gáire. Ar sise, "Le bhur dtoil, ná cuirigí isteach ar dhalta agus é ag caint."

"Uimhir a dó, is maith liom bheith ag iascaireacht, agus uimhir a trí…" Ní raibh Micí Sheáin ábalta smaoineamh ar an tríú rud.

"Cad é faoin uair a chaoin tú nuair a rinne tú dearmad ar do lón sa naíscoil?" a d'fhiafraigh Beití. Tháinig racht gáire ón rang. Las Micí Sheáin arís. Bhí trua agam dó an iarraidh seo.

"A Bheití, le do thoil!" arsa Bean Uí Thréanlámhaigh go míshásta.

An seal s'agamsa a bhí ann ina dhiaidh sin. Sheas mé os comhair an ranga amach. Stróic mé cearnóg páipéir go fadálach.

"I dtús báire, tá gruaig fhada chatach ar dhath an óir orm." Lig na buachaillí uilig osna.

"Uimhir a dó, is mise an cailín is lú sa rang."

"Is léir sin!" arsa Saoirse.

"Agus an duine is tanaí chomh maith," a bhéic Micí Sheáin. Bhí an ceart aige ach ní raibh mise ag dul a rá go raibh mé chomh caol le slat.

"Bíodh múineadh oraibh, le bhur dtoil," arsa Bean Uí Thréanlámhaigh. "Tugaigí seans di."

"Is mise Lasairíona Chríonna Ní Mhurchú. Tugtar sin orm de thairbhe…

"Nach cuma linne," a scairt Micí Sheáin.

"Ciúnas, le bhur dtoil," a d'ordaigh Bean Uí Thréanlámhaigh.

Lean mé ar aghaidh, "Bhuel, tá mé críonna.

Is maith liom *ae* a ithe. Tá teach crainn agam sa ghairdín cúil. Agus … ó, rinne mé dearmad ar an rud is fearr den iomlán! Rugadh leanbh do m'Aintín Rós mí ó shin – sa charr, ar an bhealach chun na hotharlainne. Chonaic mise gach rud!"

Bhí a sáith iontais ar gach duine sa rang. Stán siad uilig orm.

"Seo mar a tharla sé," arsa mise. "Bhí mé ag stopadh ag m'Aintín Rós le cuidiú léi an teach a ghlanadh. Agus sin an uair a tharla sé. Bhí mé féin agus m'uncail ina cuideachta. Tá a fhios agam an dóigh le corda an imleacáin a ghearradh go fiú. Agus sin deireadh leis an scéal sin," a chríochnaigh mé go mistéireach.

D'éirigh cuid de na daltaí bán san aghaidh. Thaitin sé go mór liom go raibh siad uilig ag amharc orm agus go raibh rud éigin déanta agam nach raibh déanta ag duine ar bith eile. Bhí sé ag dul go maith agus lean mé ar aghaidh.

"Tá mo theaghlach ina chónaí anseo in Florida le ceithre ghlúin. Tá mo shin-seanmháthair agus mo shin-seanathair beo beathach. Níl me rómhaith ag an spórt ach ba pheileadóir é Uncail Gréagóir." Chuaigh seo i bhfeidhm go mór ar na buachaillí.

Lean mé liom ag insint dóibh faoi na rudaí ar mhaith liom bheith ar eolas acu fúm. Ansin mhothaigh mé gur am maith é seo an cleas a bhí beartaithe agam féin agus ag Beití sna laethanta saoire a imirt.

"Anois, an dara rud déag fúmsa…" Bhí crith beag i mo ghlór. An mbeinn ábalta leanúint ar aghaidh? An sílfeadh duine ar bith go raibh sé greannmhar?

Ghlan mé mo scornach agus arsa mise, "Tá dhá rud shuimiúla liom inniu."

I rith na laethanta saoire thug mé cuairt ar pháirc safari le mo thuismitheoirí.

"Chuala mise iomrá uirthi sin," arsa Róisín Rua. "Nach mbíonn na hainmhithe ag siúl thart ar an áit agus gan iad a bheith faoi ghlas."

"Sin go díreach é," arsa mise.

"Bhí teas bocht ann an lá áirithe seo agus bhí na hainmhithe uilig measartha séimh agus ciúin. Iad uilig, seachas an dá mhoncaí seo."

"Bhí an scéal seo ar an nuacht," a bhéic Micí Sheáin. "Nach sin an dá mhoncaí a d'éalaigh ón pháirc sin?"

"Tá an ceart agat," arsa mise agus mé ag baint suilt as an eolas breise seo ó na páistí eile le cuidiú le mo scéal féin. Ach d'amharc Bean Uí Thréanlámhaigh orm go hamhrasach agus shocraigh mé gur chóir dom an scéal seo a chríochnú go gasta.

"Moncaithe beaga bídeacha a bhí iontu," arsa mise ag leanúint den scéal. "Léim siad isteach sa charr orainn, isteach ar an fhuinneog sa díon."

"Nár choinnigh sibh na fuinneoga druidte? Chonaic mise fógraí don áit sin agus deir siad go gcaithfidh gach duine fuinneoga an chairr a choinneáil druidte," arsa Micí Sheáin ag cur isteach ar mo scéal arís.

"Ach bhí teas bocht ann agus níor shíl muid go ndéanfadh sé dochar ar bith. Cibé ar bith, bhí dhá bhata ina luí ar urlár an chairr agus rinne mise iarracht na moncaithe a ruaigeadh amach leis na bataí. Ach níor imigh siad agus thug muid linn abhaile iad."

D'amharc mé thart ar an rang. Leath na súile ar gach duine agus bhí tost iomlán ann. Bhí Bean Uí Thréanlámhaigh ag stánadh orm.

"Tá siad liom inniu," arsa mise. "Tá siad i mbosca agam ag cúl an tseomra. Ar mhaith libh iad a fheiceáil?"

D'fhág mé féin agus Beití an bosca ag cúl an tseomra an mhaidin sin. D'amharc gach duine air.

Thóg mé an bosca agus thug mé liom é go tosach an tseomra ranga. Bhí cás giotáir mo dhaidí istigh ann agus d'oscail mé an glas go han-chúramach.

"Níl ann ach seanghiotár," arsa Saoirse. Ach bhí suim mhór ag na páistí eile ann. Sheas cuid acu le radharc níos fearr a fháil ar an chás. "Bígí ciúin, ba mhaith linn seo a fheiceáil," arsa Daoirse.

"Bígí cúramach. Seasaigí siar anois. Níor mhaith

liom go mbeadh taismí ar bith ann," arsa mise go húdarásach. Thóg mé an clár.

"Ta-dum!" arsa mé. Thóg mé dhá bhata amach as an chás. "An dá bhata a d'úsáid mé leis na moncaithe a ruaigeadh!" a d'fhógair mé.

"Bú-ú-ú!"

Shíl mé go ndéanfadh duine éigin gáire. Ach bhí an chuma orthu nár thaitin an scéal seo le duine ar bith agus is cinnte nár shíl siad go raibh sé greannmhar.

Duine ar bith seachas Bean Uí Thréanlámhaigh.

"Anois, a pháistí," ar sise ag gáire léi. "Fanaigí bomaite. Níor luaigh mé seo libh go fóill ach tabharfaidh mé pointí breise i mbliana don dalta is fearr a dhéanann rudaí cruthaitheacha nó a réitíonn fadhbanna deacra. Rachaidh na pointí seo ar thuairisc gach dalta agus feicfidh na tuismitheoirí iad ag deireadh na bliana."

"An bhfuil tú ag rá gur rud *maith* é seo atá déanta ag Lasairíona?" a d'fhiafraigh Saoirse.

"Gheobhaidh sí pointí breise ar a tuairisc?" arsa Micí Sheáin agus samhnas air.

"Go díreach. Tá samhlaíocht iontach i gceist anseo."

Caibidil

LÚLÚ AGUS AN NATHAIR NIMHE

I ndiaidh na scoile bhí mé féin, Beití, Saoirse, Daoirse, Micí Sheáin agus Róisín Rua inár suí ar chéimeanna tosaigh na scoile. Bhí Beití ag gabháil don rud ab fhearr léi – ag cur isteach ar Mhicí Sheáin.

"A Mhicí Sheáin, cad chuige a bhfanann an madadh amaideach sin leat taobh amuigh den scoil gach lá?" ar sise **go tarcaisneach.**

"Níl sí amaideach! Lúlú atá uirthi agus is **madadh folaíochta** í."

"Tá a hainm ar eolas agam. Ach cén mhaith di bheith ina madadh folaíochta nuair a shiúlann sí ar thrí chos?" a d'fhiafraigh Beití.

"A Bheití!" arsa mise go míshásta. Shíl mé go raibh sé dímhúinte aici a leithéid a rá.

Ach níor chúlaigh Micí Sheáin. "Bhí Lúlú ar an mhadadh ba lúfaire ar an bhaile seo, lá. Níos gasta ná madadh ar bith eile. Agus bhí sí maith ag seilg nó fuair sí boladh níos fearr ná madadh ar bith eile."

"Cad é atá cearr lena cos?" arsa Daoirse.

Ní raibh Saoirse ná Daoirse ina gcónaí sa bhaile s'againn i bhfad agus mar sin ní raibh a fhios acu cad é a bhí i gceist. Bhí an scéal seo ar eolas ag an chuid eile againn faoi Lúlú agus a cos nó bhí dúil mhór ag Micí Sheáin sna scéalta iontacha faoi eachtraí Lúlú.

"Seo mar a tharla sé…," a thosaigh Micí Sheáin.

"Micí Sheáin agus a chuid scéalta arís!" arsa Beití agus osna á ligean aici.

"Bí ciúin!" arsa Saoirse. "Ba mhaith liom an scéal seo a chluinstin."

"Bhuel, b'fhéidir go bhfaca tú na crainn phailme sa pháirc os comhair an tSrutháin Mhilis. Go dtí roinnt blianta ó shin bhí cuid mhór crann pailme ag fás ansin. Ach chuaigh mo dhaidí agus fir eile suas ansin agus chuir siad trí thine iad. Ansin tharraing siad amach na fréamhacha."

"Sin obair mhór," arsa mise. Bhí a fhios agam sin nó chuidigh mo dhaidí féin leo.

Lean Micí Sheáin ar aghaidh. "Ba mhian leo na crainn a bhaint mar gheall ar rud a tharla thuas ansin. Bhí mise ag iascaireacht lá ar an Sruthán Milis. Bhí Lúlú liom, ar ndóigh. Bíonn sí liom gach áit a dtéim. Mharaigh mé iasc ollmhór, tharraing mé isteach sa bhád é agus bhí mé ar tí an **duán** a bhaint amach as nuair a chuala mé gliogar in aice le mo chos chlé. Níor bhog mé."

"Cad é a tharla?" Bhí Daoirse ar bís agus aird iomlán aici ar Mhicí Sheáin.

"Bhí an nathair nimhe is mó dá bhfaca mé riamh idir mé agus Lúlú. Bhí sí i ndiaidh teacht amach as faoi na crainn. Thiontaigh an nathair orm agus í ag siosarnach, a teanga ghránna amuigh aici agus an gliogar ag dul aici i rith an ama."

"Dáiríre?" arsa Daoirse agus uafás ina glór.

"Tá mé lán dáiríre! Bhí an nathair sin réidh le hionsaí a dhéanamh. Bhí mise ar crith le heagla. Bhí mo chroí i mo bhéal agam agus é ag déanamh preab, preab, preab, go gasta agus go callánach. Go díreach sula ndearna an nathair ionsaí bhí Lúlú ag tafann go fíochmhar. Go tobann sháigh an nathair chun tosaigh ar luas lasrach! Ach ní mise a bhí ar intinn aige. Bhí sí i ndiaidh a haird a dhíriú ar Lúlú agus sháigh sí na géaráin i ngualainn Lúlú. Stróic Lúlú an nathair as a chéile, ansin thit sí i laige."

Bhí deora sna súile ag Micí Sheáin, ach dhruid sé iad cúpla uair gur imigh na deora agus lean sé ar aghaidh. "Bhí sí ina luí ar an talamh faoi mar go raibh sí marbh. Le fírinne, shíl mé go raibh sí marbh. Bhí mé trína chéile ar fad." De réir mar a bhí sé ag caint chuimil sé Lúlú ar chúl na gcluas.

Bhí deora sna súile ag Saoirse. Mar a bhí agam féin.

Lean Micí Sheáin ar aghaidh. "Thóg mé Lúlú. Bhí sí trom, ach ar chúis éigin bhí mé ní ba láidre ná mar ba ghnách. Rith mé abhaile chomh tiubh géar agus a thiocfadh liom."

"Cad é a tharla ina dhiaidh sin?" a d'fhiafraigh Saoirse.

"Bhí Daidí i ndiaidh teacht abhaile óna chuid oibre. Léim muid isteach sa charr agus d'imigh muid linn chuig an tréidlia. Ní raibh Lúlú ag análú mórán faoin am sin. Ach d'oibrigh an tréidlia uirthi. D'éirigh leis a hanáil a fháil ar ais. Thug sé **frithnimh** di. Ach mar a fheiceann tú anois, níor tháinig biseach iomlán ar a gualainn. Ritheann sí ar thrí chos anois."

D'fhan gach duine ina dtost. Ansin, arsa Beití go séimh,

"Tá brón orm. Tá cuma dheas uirthi mar mhadadh, ceart go leor."

"Ná bí buartha," arsa Micí Sheáin go gruama. "Is cuma liom cad é a deir daoine fúithi. Is í mo Lúlú féin í." Chuimil sé ar an chloigeann í. "Mo Lúlú féin, nach tú, a Lúlú?"

Sin an oíche chéanna a d'imigh Lúlú.

Caibidil

IS GAISTEOIR Í
MO MHÚINTEOIR

Ar an bhealach chun na scoile an mhaidin dár gcionn chonaic mé féin agus Beití rud nár chóir dúinn a fheiceáil. Bhí Micí Sheáin ina sheasamh ag crann ollmhór agus an chuma air gur ag caoineadh a bhí sé. Nuair a chonaic sé muid, thiontaigh sé agus thosaigh sé a shiúl síos an tsráid ar shiúl ón scoil. Chuimil sé a aghaidh. Rith mé a fhad leis agus chuir mé mo lámh thart ar a ghualainn.

"Cad é atá ort?" a dúirt mé go séimh.

Bhí sé doiligh ag Micí Sheáin labhairt, "Lúlú…," a d'fhreagair sé. "Ní thig liom teacht uirthi. Sílim go bhfuair ailigéadar í."

"Dáiríre."

"Sílim. Agus go bhfuil sí ite aige. Sin nó bheadh sí liom. Tá a fhios agatsa sin."

Bhí a fhios agam. Tháinig samhnas orm. Chonaic iascairí ón cheantar ailigéadar thart fán Sruthán Milis. D'imigh púdal agus cúpla cat ón cheantar. Bhí tuismitheoirí buartha faoina bpáistí.

Tháinig Beití anall. "Cad é ba chóir dúinn a dhéanamh?"

Ansin rith smaoineamh iontach liom. "Cad é faoi Bhean Uí Thréanlámhaigh? Nach gaisteoir ailigéadar í."

Tháinig aoibh an gháire ar aghaidh Mhicí Sheáin. "Tá an ceart agat."

Dúirt Beití rud éigin ach níor chuala mé í. Bhí mé róghnóthach ag rith i dtreo na scoile.

Bhí Bean Uí Thréanlámhaigh sa seomra ranga cheana féin. Bhí iontas uirthi nuair a chonaic sí mise, "Nach tú atá díograiseach ag iarraidh dul ar scoil." Nuair a mhínigh mé faoin rud a tharla níor mhoilligh sí. Chuaigh sí caol díreach chun na hoifige, d'iarr sí ar dhuine éigin súil a choinneáil ar a rang agus ansin d'iarr sí ormsa Micí Sheáin a aimsiú. "Beidh mé leat i gceann deich mbomaite," ar sise. **Thiontaigh sí ar a sáil** agus amach léi chuig a carr.

Ar mo bhealach ar ais chuig Micí Sheáin agus Beití mhothaigh mé go raibh scaifte mór i ndiaidh cruinniú thart. D'aithin mé cuid acu. Bhí na comharsana s'againn féin ann. Caithfidh sé gur inis Micí Sheáin dóibh go raibh Lúlú ar iarraidh. Bhí cuid de na fir oibre ann chomh maith. Bhí siadsan ag obair ar an bhóthar i rith na laethanta saoire agus bhí siad ag déanamh réidh le críochnú faoin am seo. Bhí siad ina seasamh taobh le leoraí.

Shiúil duine acu anonn chuig an sruthán, d'amharc sé isteach agus sméid sé a cheann, ansin shiúil sé ar ais le seasamh lena chairde ag an leoraí.

"Cad chuige a bhfuil cuid mhór daoine anseo?" a d'fhiafraigh mé de Mhicí Sheáin nuair a chuaigh mé a fhad leis.

"Tá an t-ailigéadar istigh ansin, a stór," arsa duine de na fir oibre agus é ag díriú méire ar an sruthán.

Bhí an ceart aige. Nuair a d'amharc mé féin isteach chonaic mé an t-ailigéadar in aice le crann beag ar imeall an tsrutháin. Bhí cuma scanraithe ar Mhicí Sheáin. "Arracht atá ann!" a scairt sé.

Mheas mé go raibh sé thart fá dhá mhéadar ar fad, ach bhí an chuma air go raibh sé chomh mór le Godzilla.

"Cad é an chuma atá air?" arsa Beití i gcogar. "Tá eagla orm amharc air. An bhfuil cuma ocrach air?"

"A Bheití!" arsa mise agus uafás orm.

Tháinig bean de na comharsana, Sorcha Mistéil, chun tosaigh. Bean measartha ardnósach a bhí inti a raibh gruaig bhán uirthi. "Chuaigh an t-ailigéadar sin sa tóir ar Mhitsí bheag s'agamsa thart fá sheachtain ó shin. Is spáinnéar beag í. Is maith an rud nach bhfuair sé í!"

"Agus í ábalta rith ar cheithre chos, bíodh geall," arsa Micí Sheáin. "Cad é faoi Lúlú bhocht?"

"Ná bí thusa buartha fúithi, a Mhicí Sheáin," arsa mise agus chuir mé mo lámh ar a ghualainn. "Tá an gaisteoir ar an bhealach. Cuirfidh sise stop leis an ailigéadar sin."

Go tobann stad seanveain glas a raibh **leantóir** miotail ceangailte de, in aice linn.

"Cé sin?" a scread Beití.

Bean Uí Thréanlámhaigh a bhí ann. Ach ní raibh sí gléasta mar mhúinteoir. Bhí seanbhríste uirthi, buataisí móra agus T-léine leis na focail 'Gaisteoir Ailigéadar' scríofa uirthi chomh maith leis an ainm s'aici, Máirín Uí Thréanlámhaigh. Bheannaigh sí dúinn go cairdiúil agus shiúil sí léi anonn chun an tsrutháin.

Scairt duine de na fir oibre, "Coimhéad, a bhean uasail! Tá ailigéadar thíos ansin. Táimid ag fanacht ar ghaisteoir. Beidh sé anseo gan mhoill."

"Seo anois í, a bhuachaillí," arsa Bean Uí Thréanlámhaigh, ag díriú méire ar na focail ar a T-léine. Chúlaigh gach duine.

"Anois, ní gaisteoir ailigéadar ar bith thusa," arsa duine eile de na fir oibre.

Tharraing Bean Uí Thréanlámhaigh ceadúnas oifigiúil gaisteora amach as a póca agus thaispeáin do dhuine de na fir é. "Tá sé fíor, a bhuachaillí. An gcreideann sibh anois mé?"

"A leithéid de...," arsa fear oibre. D'amharc siad uilig ar an cheadúnas agus iontas an domhain orthu.

"Cad é a dhéanfaidh tú anois?" arsa Micí Sheáin.

"Cuirfidh mé stop leis an ailigéadar sin – ar mhaithe leatsa."

"An síleann tú go bhfuil Lúlú...?" D'imigh glór Mhicí Sheáin.

D'amharc Bean Uí Thréanlámhaigh idir an dá shúil ar Mhicí Sheáin, "Tá mé cinnte go bhfuil sí slán sábháilte. Tá neart bia nádúrtha thart anseo d'ailigéadair agus ní chuireann ailigéadair isteach ar rud ar bith nach gcuireann isteach orthusan."

Labhair Bean Mistéil amach, "Is cinnte nach raibh Mitsí s'agamsa ag cur isteach ar an ailigéadar sin," ar sise.

D'amharc Bean Uí Thréanlámhaigh uirthi go míshásta, ansin d'amharc sí arís ar Mhicí Sheáin agus aoibh an gháire ar a haghaidh. Mhothaigh mé gur imigh an aoibh sin de réir mar a thiontaigh sí ar shiúl. Go tobann, bhí sí i mbun gnó.

D'amharc Bean Uí Thréanlámhaigh arís ar an ailigéadar. "Fan go bhfeicfidh mé, déarfainn go bhfuil sé thart fá mhéadar nó dhó ar fad. Níl ansin ach nócha cileagram. Ní bheadh an **crann tochrais** de dhíth orm an iarraidh seo." D'amharc sí orainne agus ar sise, "Is féidir le duine ainmhí atá níos lú ná dhá mhéadar a thógáil. Bíonn crann tochrais de dhíth orm le hainmhithe atá níos mó ná sin a thógáil."

D'fhan gach duine siar ach d'éist siad go cúramach le gach rud a dúirt Bean Uí Thréanlámhaigh a chluinstin.

Shiúil Bean Uí Thréanlámhaigh ar ais chuig a veain. Lean mé féin, Micí Sheáin agus Beití í.

"Cad é sin?" arsa mise, ag amharc isteach sa leantóir.

"Sin an áit a gcuirimse ailigéadair. Tá sé méadar amháin ar leithead, trí mhéadar go leith ar fad agus leathmhéadar ar doimhneacht. Sin an crann tochrais a úsáidim le hailigéadair is mó a chur isteach."

"An mbeidh sé ábalta análú istigh ansin?" arsa mise, ag dúil is nach mbeadh sé.

"Beidh cinnte, a stór. Tá poill aeir ann. Tá neart aeir istigh anseo."

Arsa Micí Sheáin, "Cad é a dhéanfaidh tú leis i ndiaidh duit é a cheapadh?"

"Tabharfaidh mé anonn chuig **tearmann na fiabheatha** é. Thug mé go leor dá chairde ansin roimhe seo."

Stad Bean Uí Thréanlámhaigh ag an veain agus thóg sí rud éigin reoite den suíochán.

"Iuc, cad é sin?" arsa Beití.

"Scamhóg bó," arsa Bean Uí Thréanlámhaigh.

"Tá sé sin samhnasach…," a dúirt muid uilig as béal a chéile.

"An bhfuil sin agat lena mhealladh?" a d'fhiafraigh Micí Sheáin.

"Go díreach," arsa Bean Uí Thréanlámhaigh. "Agus cuirfidh mé duán ann."

D'oscail sí bosca uirlisí ina raibh duáin éisc, cufaí láimhe, téip, agus rudaí aisteacha eile. Bhí rópa in aice leis an bhosca. Thóg sí duán géar, a raibh trí bheangán air, agus meáchan.

"Seo mo **shnapdhuán**," a mhínigh sí. "I dtús báire, faighim mo chorda paraisiúit – téad 450 cileagram – agus cuirim tríd an duán í, ansin ceanglaím go teann í. Ansin cuirim seo ar an chrúca." Thóg sí an scamhóg agus bhrúigh ar an chrúca é.

"Tá mé ag dul a bheith tinn," arsa Beití agus í ag coinneáil greim ar a bolg.

"Níl de dhíth orm anois ach mo **chuaille ceaptha**, téip agus rópa nó dhó." Chuir sí an téip ina póca agus chaith sí an rópa thar a gualainn.

"Cad é an rud é cuaille ceaptha?" arsa mise. Bhí suim mhór againn sna huirlisí agus sna gléasanna seo a bhí ag Bean Uí Thréanlámhaigh.

Thóg Bean Uí Thréanlámhaigh píopa tanaí dhá

mhéadar ar fad a raibh cábla leis. Bhí lúb ag deireadh amháin den chábla. "Seo cuaille ceaptha. An cineál céanna a úsáideann ceapadóirí madaí. Amharcaigí an dóigh a bhfuil cineál de chuisín thart air. Deas compordach a déarfá." Tharraing sí ar an lúb agus luasc sí thart í. "An bhfeiceann sibh an dóigh a dtiontaíonn sí? Sa dóigh nach n-éalóidh an t-ailigéadar is cuma cén bealach a dtiontaíonn sé. Tá sé faoi smacht agam agus beidh sé tuirseach traochta faoin am a rachaidh mise in aice lena bhéal."

D'oscail Micí Sheáin a bhéal le labhairt ach níor tháinig rud ar bith amach.

Rug Bean Uí Thréanlámhaigh greim ar a snapdhuán agus a cuaille ceaptha agus d'imigh sí léi i dtreo an tsrutháin. Nuair a bhí gach rud réitithe aici ar imeall an tsrutháin sheas sí ag coimhéad ar an ailigéadar. I ndiaidh tamaill dúirt sí linn fanacht ar an chosán, ansin chaith sí an duán agus an fheoil isteach san uisce.

Splais! Luasc an t-ailigéadar a eireaball ollmhór agus isteach leis sa tóir air.

"Íic!" a bhéic Micí Sheáin. Chúlaigh muid rud beag eile.

Tharraing Bean Uí Thréanlámhaigh an rópa agus bhuail an duán an t-ailigéadar ar a smig.

"Ó!" arsa an scaifte. Ba léir gur shíl na fir oibre féin a mhór de Bhean Uí Thréanlámhaigh anois.

Choinnigh Bean Uí Thréanlámhaigh a cosa go daingean ar an talamh agus thosaigh sí a tharraingt an ailigéadair suas go himeall an tsrutháin. Ansin chuir sí an cuaille ceaptha thart ar a chloigeann, thart faoina ghiall agus tharraing sí an cábla go teann.

Choimhéad muid iad go géar agus muid i bhfad siar agus slán sábháilte.

Tharraing Bean Uí Thréanlámhaigh an cábla go teann sa dóigh nach dtiocfadh leis an ailigéadar a chloigeann a bhogadh ach bhí an chuid eile dá chorp ag luascadh go fiánta.

Scairt Bean Uí Thréanlámhaigh anall linn.

"Is maith liom ligean don ailigéadar troid tamall

lena thuirsiú roimh dhul a fhad leis. Is é an béal an chuid is contúirtí. Ach go fiú agus an béal druidte agam caithfidh mé bheith cúramach go fóill. Caithfidh mé an t-eireaball a choimhéad."

Ní raibh gíog ná míog asainn. Chonaic muid an rud a bhí i gceist aici leis an eireaball. Luasc sé go fíochmhar i rith an ama.

Bhí greim go fóill ag Bean Uí Thréanlámhaigh ar an chuaille ceaptha. Bhí sí chóir a bheith ina suí ar dhroim an ailigéadair agus í ag amharc i dtreo a chloiginn. Ansin fuair sí greim ar a shoc le dhá lámh agus choinnigh sí a bhéal druidte. Chuir sí a lámh ina póca go bhfuair sí an téip agus cheangail sí béal an ailigéadair leis.

"Maith thú!" a scairt muidne as béal a chéile.

Ach ní raibh Bean Uí Thréanlámhaigh críochnaithe. Cheangail sí an téip thart ar chos chlé tosaigh an ailigéadair agus tharraing sí suas ar a dhroim í. Ansin cheangail sí téip ar an chos dheas tosaigh agus tharraing sí í sin suas ar a dhroim. Bhog sí anonn is anall roinnt uaireanta ó thaobh go taobh, mar a bheadh uimhir a hocht ann. Ansin rinne sí an rud céanna leis na cosa deiridh.

"Tá mé réidh anois lena thabhairt suas," a scairt sí. Chuaigh fear de na fir oibre síos le lámh chuidithe a thabhairt di, ach dúirt sí, "Sílim go dtig liomsa seo a láimhseáil." Leis sin, tharraing sí an t-ailigéadar suas ón sruthán agus isteach sa veain.

Go díreach ansin labhair duine eile de na fir oibre, "Tá cuma iontach aisteach ar an mhadadh sin," ar seisean.

"Madadh? Cén madadh?" arsa mise.

"Lúlú!" a scairt Micí Sheáin in ard a ghutha. Rith muid anonn agus thug muid barróga agus croíthe isteach don mhadadh. "Ó, a Lúlú, tá tú ar ais agam!" arsa Micí Sheáin arís is arís eile.

"Cá raibh tú?" arsa mise go dáiríre.

"Amharcaigí na lapaí," arsa Beití. "Tá siad go hiomlán dearg."

"Nach tú atá amaideach!" arsa Micí Sheáin le Lúlú. D'amharc sé orainne agus ar seisean, "Tá sí

i ndiaidh bheith thíos ag na sméara dubha arís, sa tóir ar choiníní, bíodh geall. Sin sú sméar dubh ar na cosa aici."

"Madadh dalba," arsa mise le Lúlú, "táimid uilig míshásta leat." Ach ní raibh an chuma ar Mhicí Sheáin go raibh sé míshásta. Bhí sé sona sásta.

"Go raibh míle maith agat," ar seisean le Bean Uí Thréanlámhaigh a bhí ag siúl a fhad linn.

"Níl ann ach mo chuid oibre. Cad é mar atá tú, a Lúlú?" Chuimil Bean Uí Thréanlámhaigh Lúlú ar a cloigeann.

Tháinig fear a raibh leabhar nótaí aige a fhad linn. Scrúdaigh sé Bean Uí Thréanlámhaigh go géar agus ansin labhair sé léi, "An dtiocfadh liom tú a chur faoi agallamh? Tá mé ag obair ag an pháipéar nuachta."

"Cinnte," a d'fhreagair Bean Uí Thréanlámhaigh. D'amharc sí orainne arís. Bhí muid uilig inár seasamh ansin ag stánadh uirthi. "Gabhaigí sibhse ar ais ar scoil. Beidh mé libh i gceann bomaite."

Rinne muid mar a dúirt sí. Bhí go leor feicthe againn don lá inniu!

Caibidil

PLEAN MAITH!

An lá arna mhárach thug ochtar páistí déag alt ar scoil ó leathanach tosaigh an pháipéir nuachta faoi Bhean Uí Thréanlámhaigh agus an t-ailigéadar. Ach mise, Lasairíona Chríonna Ní Mhurchú, an chéad duine a thug do Bhean Uí Thréanlámhaigh é. Beidh dúil aici ionam, ní bheidh neart aici air.

Sheas Bean Uí Thréanlámhaigh go sásta os comhair an ranga. Ní raibh rolla páipéar leithris ar a cloigeann anois aici ach shíl muid a mhór di cibé. Tá sé doiligh a shamhlú go bhfuil saol eile ar fad ag an mhúinteoir s'againn taobh amuigh den seomra ranga. Agus a leithéid de shaol! Gaisteoir ailigéadar fíor a bhí inti.

"Anois," arsa Bean Uí Thréanlámhaigh, "tá an chuma air go bhfuil clú éigin bainte amach agam…"

"Nach fíor duit!" a scairt Micí Sheáin, ach d'éirigh sé dearg san aghaidh nuair a thug muid bualadh bos dó.

"Ciúnas, anois!" arsa Bean Uí Thréanlámhaigh. "Fan go bhfeicfimid cad é atá le rá acu…" Ghlan sí a scornach, chóirigh sí a cuid spléaclaí agus léigh sí amach os ard é:

IS GAISTEOIR Í MO MHÚINTEOIR

Is múinteoir scoile í Máirín Uí Thréanlámhaigh. Is gaisteoir ailigéadar í chomh maith.

Tá ceadúnas oifigiúil aici mar ghaisteoir ailigéadar ach ní dhíoltar í as a cuid seirbhísí.

"Caithfidh dúil a bheith agat sa chineál seo oibre," arsa Bean Uí Thréanlámhaigh. "Faighim airgead má bhíonn an t-ailigéadar níos mó ná méadar ar fad agus is féidir an craiceann agus an fheoil a dhíol."

Agus cad é faoi na daltaí scoile?

"Glacann siad leis, den chuid is mó. Ar ndóigh, bíonn iontas ar dhaltaí nua nach bhfuil cleachta leis na hailigéadair agus atá i ndiaidh bogadh anseo a cathair éigin eile."

Glacann Bean Uí Thréanlámhaigh í féin leis. Bíonn uirthi bheith ag slodáil trí sheascainn chlábaracha, áit a mbío

gach cineál ainmhí.
Tá ailigéadair ceaptha
aici in aibhneacha,
i lochanna, i
gcanálacha, sna píopaí
séarachais agus in
áiteanna scáfara eile.

"Caithfidh tú
gan eagla a bheith
ort," arsa Bean Uí
Thréanlámhaigh.
"Ach le fírinne níl sé
mórán níos deacra ná
an mhúinteoireacht."

Tá meas ar Bhean
Uí Thréanlámhaigh
go forleathan ach
is iomaí uair a
chuireann sí iontas
ar dhaoine nuair
a thuigeann siad
gur bean í atá ina
gaisteoir ailigéadar.

"Cuireadh ceist
orm uair amháin,
agus mé ag baint
ailigéadair amach as
loch, cá háit a raibh
m'fhear céile. 'Tá sé
sa bhaile ag déanamh
dinnéir, áit ar chóir
duit féin a bheith ó
tharla am dinnéir a
bheith ann. Tá obair
le déanamh anseo
mura miste leat.'
Rinne a bhean féin
gáire. Chuala mé go
ndearna seisean an
dinnéar an oíche sin."

Nárbh fhearr
linn uilig dinnéar
a dhéanamh ná
ailigéadar a cheapadh?

"Agus sin deireadh an scéil," arsa Bean Uí Thréanlámhaigh agus í ag filleadh an pháipéir agus á chur ar a deasc.

Ach ní deireadh an scéil a bhí ann ar chor ar bith. Go tobann thosaigh gach duine sa rang a chaint ag an aon am amháin!

"Cad é an rud é ailigéadar?" a d'fhiafraigh páiste amháin.

"Crogall atá ann," arsa páiste eile.

"Cá maireann siad?" arsa an tríú duine.

"Cad é a itheann siad?" a bhéic an ceathrú duine.

"Fanaigí bomaite," arsa Bean Uí Thréanlámhaigh. "Tá an chuma ar an scéal go bhfuil cuid mhór ceisteanna agaibh. Déanfaimid liosta de na ceisteanna atá againn."

Rinne Bean Uí Thréanlámhaigh ceann de na cairteacha ABC. Colún amháin do na rudaí a bhí *Ar eolas againn*. Colún eile do na rudaí *Ba mhaith linn a fháil amach*, agus an tríú colún do *Cad é atá foghlamtha againn*?

"Cad é an difear idir crogall agus ailigéadar?" a d'fhiafraigh Micí Sheáin.

Scríobh Bean Uí Thréanlámhaigh sin sa cholún *Ba mhaith linn a fháil amach*, ansin ar sise, "Caithfidh mé rud amháin a dhéanamh soiléir anseo. Ní hionann crogall agus ailigéadar. Tá difear idir an dá shoc. Amharcaigí ar na pictiúir seo. Tá soc fada caol ar an chrogall. Tá soc gairid leathan ar an ailigéadar."

Bhí duine eile ag iarraidh eolais ar ailigéadair a dhéanann dochar do dhaoine.

Bhí Bean Uí Thréanlámhaigh chomh tógtha faoin chomhrá seo nár thug sí faill dúinn na ceisteanna a fhreagairt muid féin. Scríobh sí na ceisteanna ar an chairt agus d'fhreagair sí ag an am céanna iad!

"Níl an t-ailigéadar fíochmhar, cé go mbíonn sé fíochmhar má bhaineann duine dá nead. Tá an crogall go hiomlán faiteach maidir le daoine."

Go tobann bhí an chuma air go raibh ceist ag gach duine. Bhí an chairt lán de cheisteanna.

"Cad é mar a cheaptar iad?"

"An itheann siad madaí agus cait?"

"Cá maireann na hailigéadair?"

"Cé chomh mór is a fhásann siad?"

"Fanaigí bomaite!" arsa Bean Uí Thréanlámhaigh. "Ba chóir do dhaoine dul isteach i ngrúpaí, triúr nó ceathrar sa ghrúpa, agus na ceisteanna seo a phlé ar an dóigh sin. Ansin thig linn dul chun na leabharlainne agus taighde a dhéanamh ar na ceisteanna seo. Thig libh eolas a chuardach in irisleabhair, i bpáipéir nuachta, i leabhair agus ar an idirlíon. Nuair a bheidh freagraí agaibh ar na ceisteanna thig libh tuairisc a scríobh. B'fhéidir go dtiocfadh libh mise a chur faoi agallamh agus an t-eolas sin a úsáid sa tuairisc chomh maith."

D'imigh Bean Uí Thréanlámhaigh ar ais chuig a deasc agus shuigh sí.

"Beidh pointí breise ann do na tuairiscí is suimiúla. Ta pointí breise faighte ag Lasairíona cheana féin an chéad lá ar ais. Ar aghaidh linn, mar sin!"

D'amharc mise anonn ar Bheití agus d'amharc sí ar ais orm. Ansin d'amharc muid beirt ar Mhicí Sheáin. Bhí a fhios againn go mbeadh na pointí breise sin againne!

Rinne muid taighde den scoth. Bhain muid sult as. Léigh muid irisleabhair. Léigh muid leabhair. Fuair muid bileoga eolais fosta, faoi ailigéadair agus faoi chrogaill ó Rannóg na nAinmhithe.

Seachtain ina dhiaidh sin, bhí an tuairisc réidh. D'iarr Bean Uí Thréanlámhaigh ar gach duine an tuairisc a léiriú don rang. Bhí lá iontach ann. Nuair a bhí na tuairiscí léite ag gach duine bhronn Bean Uí Thréanlámhaigh na pointí breise. Fuair muidne deich bpointe! Níos mó ná grúpa ar bith eile sa rang! Shíl Bean Uí Thréanlámhaigh a oiread sin den pháipéar s'againne gur iarr sí orainn é a chur chuig Rannóg na nAinmhithe lena fhoilsiú. Sin plean iontach!

Tá mé den bharúil anois go mbeidh an bhliain seo ar an bhliain scoile is fearr riamh. Agus b'fhéidir go mbeinnse, Lasairíona Chríonna Ní Mhurchú, i mo ghaisteoir ailigéadar nuair a bheidh mé níos sine. Ní bheadh a fhios agat!

Beití
Micí Sheáin
Lasairíona

Is Gaisteoir Ailigéadar í ár Múinteoir

Tá dhá phost ag an mhúinteoir s'againne. Le linn an lae, teagascann sí an léitheoireacht, an scríbhneoireacht agus an mhatamaitic dúinn. I ndiaidh am scoile (agus in amanna le linn am scoile) bíonn sí sa tóir ar ailigéadair.

Téann sí sa tóir ar ailigéadair agus iad in áiteanna contúirteacha nó má bhíonn siad róchóngarach do dhaoine nó do pheataí.

Thig le daoine ailigéadair a chur i ndrocháit. Má thugann daoine bia dóibh ní bheidh eagla orthu roimh dhaoine. Tiocfaidh siad ar ais a chuardach tuilleadh bia. Ach má chuardaíonn siad tuilleadh bia beidh tuilleadh fadhbanna agat.

Caithfidh ceadúnas oifigiúil a bheith ag duine le dul sa tóir ar na hailigéadair. Caithfidh tú bheith réidh le dul isteach in áiteanna salacha ina mbíonn plandaí géara, clábar agus nathracha!

Sa bhliain 1997 bhí níos mó ná dhá mhilliún ailigéadar in Florida. Ach níl ach daichead gaisteoir ann a bhfuil ceadúnas acu. Sin gaisteoir amháin do gach caoga míle ailigéadar!

Ailigéadair den chuid is mó atá in Florida, cé go bhfuil roinnt crogall ann chomh maith. Deirtear go bhfásann crogaill suas le seacht méadar ar fad i Meiriceá Theas, ach ní fhaca an múinteoir s'againne ceann chomh mór sin. Tá an t-ailigéadar is faide in Florida chóir a bheith cúig mhéadar ar fad.

Níl an múinteoir s'againn ag iarraidh gach ailigéadar a cheapadh. Tá ailigéadair tábhachtach don dúlra. Deir an múinteoir s'againne go raibh siad anseo i bhfad sula raibh muid féin agus go minic gur muidne atá sa bhealach orthusan.

An chéad uair eile a fheiceann tú ailigéadar cuimhnigh ar an mhúinteoir s'againne. Thig léi an lámh in uachtar a fháil ar ailigéadar ar bith!

Caibidil

5

FÍRICÍ FEASA FAOIN AILIGÉADAR

1. Thig leis an ailigéadar maireachtáil i seascann, loch, abhainn, díog nó canáil. Bíonn seilbh ag ailigéadar ar cheantar ar leith, suas le 20 nó 40 heicteár ag na hailigéadair fhireanna. Is annamh a fhágann ailigéadar baineann an ceantar seo.

2. Bíonn an t-ailigéadar aibí nuair a bhíonn sé dhá mhéadar ar fad.

3. Déanann ailigéadar baineann nead le craobhacha, duilleoga agus clábar. Beireann siad tríocha go hochtó ubh mhór bhán sa nead seo.

4. Nuair a bhíonn na hailigéadair óga réidh le teacht amach, déanann siad gnúsachtach ard. Baineann an mháthair an clúdach de na huibheacha agus cuidíonn sí leis na hóga teacht amach as an nead. Iompraíonn sí chuig an uisce iad ina béal.

5. Cosnaíonn an mháthair na hailigéadair óga go dtí go mbíonn siad sé, seacht nó ocht mí d'aois.

6. Itheann ailigéadair éisc, froganna, turtair, nathracha, éin uisce, mamaigh bheaga agus feoil lofa. Itheann ailigéadair mhóra fianna, madaí, cait, muca, agus laonna. In amanna, slogann  ailigéadair bataí adhmaid agus clocha agus creidtear go gcuidíonn an nós seo leo bia a dhíleá.

7. Ba iad na daoine an chontúirt is mó do na hailigéadair. Úsáideadh an craiceann le málaí, sparáin, bróga agus criosanna a dhéanamh. Tá na hailigéadair faoi chosaint sa lá atá inniu ann agus tá rialacha daingne ann a bhaineann lena seilg.

8. Is in oirdheisceart na Stát Aontaithe agus in oirthear na Síne amháin atá teacht ar ailigéadair sa domhan.

9. Tá an-tábhacht leis na hailigéadair sa dúlra thart orthu. Itheann siad ainmhithe marbha agus coinníonn siad smacht ar líon na n-ainmhithe beaga.

10. Is iad na taiscéalaithe Spáinneacha a thug ainm ar na hailigéadair. Thug siad *el largata* orthu, a chiallaíonn *an laghairt*. Tá *el largata* cóngarach don fhocal atá againn orthu i nGaeilge agus i mBéarla.

Gluais

BOB (lch. 3) – nuair a imríonn duine cleas ar dhuine eile. Buaileann tú bob ar dhuine.

HAIRICÍN (lch. 4) – stoirm a bhfuil gaoth fhíochmhar léi. Cioclón trópaiceach de ghnáth. Bíonn fórsa gaoithe 12 ar an scála Beaufort leis.

GO TARCAISNEACH (lch. 15) – rud a rá nuair atá a mhalairt i gceist. *m.sh.* 'Nach tú atá galánta', a rá le holcas, nuair is léir nach bhfuil an ráiteas fíor.

MADADH FOLAÍOCHTA (lch.15) – madadh de chineál áirithe nach bhfuil measctha le cineál eile, *m.sh.* púdal, spáinnéar, brocaire.

DUÁN (lch. 17) – crúca géar a chuirtear ar líne iascaireachta. Cuirtear cuileog nó cuiteog air le go n-íosfaidh an t-iasc é agus go rachadh an duán i bhfostú i mbéal an éisc.

FRITHNIMH (lch.19) – Is leigheas í seo ar nimh. Tugtar í do dhaoine atá i gcontúirt nimhe.

THIONTAIGH SÍ AR A SÁIL (lch. 21) – Thiontaigh sí go tobann agus d'imigh an bealach eile go gasta.

LEANTÓIR (lch. 23) – Cuirtear ar chúl cairr é nuair atá rud mór trom le hiompar.

CRANN TOCHRAIS (lch. 26) – Meaisín a thógann rudaí troma trí chábla a úsáid atá casta ar ulóg.

TEARMANN NA FIABHEATHA (lch. 26) – Áit chosanta shábháilte d'ainmhithe fiáine. Tá saoirse agus spás acu ach san am céanna tá sconsa agus gardaí ann lena gcosaint.

SNAPDHUÁN (lch. 27) – duán trí bheangán, nó le trí spíce ghéara, a bhfuil meáchan air.

CUAILLE CEAPTHA (lch. 27) – cuaille 6 throigh alúmanaim a bhfuil cábla ag dul tríd. Tá lúb ag deireadh amháin den chábla. Nuair atá an lúb thart ar mhuineál an ainmhí is féidir í a theannadh leis an ainmhí a smachtú. Úsáideann ceapadóirí madaí iad.

Tá múinteoir iontach greannmhar againn. Cuireann sí páipéar leithris ar a cloigeann agus cuireann sí a cuid spléaclaí ar dheireadh a sróine, cuireann sí amach a cuid fiacla agus cuireann sí a gháire muid. – Heather G.

Dr. Duke atá ar mo mhúinteoir. Tá sí iontach greannmhar ag déanamh aithrise ar dhaoine agus ar ainmhithe. Téann sí thart ar an seomra ranga ag déanamh fuaimeanna aisteacha. Cuireann sí a cuid spéaclaí ar dheireadh a sróine agus deir sí, "Léigí an leabhar sin, le bhur dtoil," agus titimid thart ag gáire. – Jeff K.

Is abairtí iad seo a scríobh mo chuid daltaí fúm.
Mary Ann Duke

Cé gur cuireadh isteach go mór ar mo chuid oibre mar Ghaisteoir Crogall agus mar Fhiaclóir ar Fheirm Crogall Willawood san Astráil, bhain mé an-sult as an leabhar seo a mhaisiú.

Cé nach ionann crogaill agus ailigéadair ar chuid mhór dóigheanna, tá siad beirt iontach gasta, láidir, glic agus is maith leo ainseabhaithe ar phizza. Shíl mé gur chóir dom amharc ar ailigéadair le go mbeinn ábalta iad a tharraingt mar is ceart. Sin an fáth a ndeachaigh mé go Florida. Ar dtús, shuigh mé measartha cóngarach dóibh go dtí gur thuig mé go n-itheann ailigéadair pictiúr ar bith nach maith leo!

Ian Forss

© Téacs leis an **Dr Mary Ann Duke**
Ian Forss a mhaisigh
Mary C. Foley a ghlac na grianghraif (breacleabhar, lch 40); **Index Stock Photography:** Pat Canova (ailigéadar ag ithe éisc, lch 43); Charles Philip (ailigéadair óga, lch 42); **Stock Imagery, Inc.:** Don Grall (ailigéadar Meiriceánach, lch 41, ailigéadar agus a bhéal ar oscailt, lch 44); Wheeler (grúpa ailigéadar, lch 44)
David Nuss a chuir eagar air
Liz Marken a dhear.

Arna fhoilsiú sa Ríocht Aontaithe ag Kingscourt Publishing Ltd., P.O. Box 1427, Freepost, Londain W6 9BR
An leagan Gaeilge: 2008
An tÁisaonad, Coláiste Ollscoile Naomh Muire, 191 Bóthar na bhFál, Béal Feirste BT12 6FE, Éire
© An tÁisaonad
Foireann an tionscadail: Pól Mac Fheilimidh, Jacqueline de Brún, Ciarán Ó Pronntaigh.
Áine Mhic Giolla Cheara, Risteard Mac Daibhéid, Alicia Nic Earáin, Máire Nic Giolla Cheara, Fionntán Mac Giolla Chiaráin, Clár Ní Labhra agus Seán Fennell.
Jacqueline de Brún a d'aistrigh

Arna chlóbhualadh ag Colorcraft

ISBN 978 0 732 74818 0